Johannes Kettlack

Mein Herz ist nur ein Muskel

Gereimtes
und
Ungereimtes
aus unserer Zeit

FSC
www.fsc.org
MIX
Papier aus ver-
antwortungsvollen
Quellen
Paper from
responsible sources
FSC® C105338

Herstellung und Verlag:
BoD - Books on Demand, Norderstedt
ISBN 978-3-7386-2276-8

Vorwort

Der Lehrer, der nun Pensionär,

Berufen, einst, Wissen zu mehren,

Der jungen Welt die alte zu erklären,

Läuft plötzlich irre hin und her:

Das Nichtstun fällt ihm sichtlich schwer.

Er hat jetzt alle Zeit der Welt.

Er weiß, was sie zusammenhält.

Er setzt sich nieder, schreibt, erhellt

Und unterhält.

Und zeigt:

Unsre Welt wär' sehr viel leerer

Ohne pensionierte Lehrer!

Unsere Welt
in drei Zeilen
(Haikus)

Erklärung

Fünf, sieben und fünf
Silben in drei kurzen Zeilen:
Das ist ein Haiku.

365 Tage

Zahlen und Sprüche
stehn im Jahreskalender
zum Abriss bereit.

Erster Januar

Am Neujahrstag fließt
die schöne blaue Donau
durchs Strauß-Orchester.

Erneuerung

Der alte Schlitten
entrostet sich im Neuschnee
wie im Jungbrunnen.

Frühling
Mit Zündholz im Schnabel
fliegen die Elstern zum Baum.
Bald wird's warm im Nest.

Umwelt
Die Umweltschützer
wollen keinen Kindergarten.
Sie hassen den Lärm

Abwesend
Das Waisenlamm blökt,
bettelt vergeblich um Wärme
beim Hirten am Smartphone.

Zwangsadoption
Das noch warme Ei
rollt der verdutzten Henne
für immer davon.

Aufbruch
Liebevoll kitzeln
die Wellen, bis er sich rührt,
den müden Nachen.

Ver-liebt
Ins Detail verliebt
filmt er den Akt seiner Frau
mit dem Studenten.

Technik
Das neue Leben
entsteht im Reagenzglas
ganz ohne Liebe.

Kindergarten
Der Apfelbaum blüht,
fröhlich lachen die Kinder
im Garten Eden.

Klassenzimmer
Lärmschutzkopfhörer
schotten Schüler und Lehrer
voneinander ab.

Sündenbock
Frau Sick drückt der Schuh.
Sie ärgert sich und tadelt
den Schuhauszieher.

Ewiges Leben
Die Verzinkerei
versilbert den Zahn der Zeit.
Altenheime schließen.

Flüchtlinge
Ob sie gut ankommt,
die Politik, das ist wichtig;
nicht ob sie ankommen.

Sicher?
Endlich in Deutschland
fühlt es sich sicher und wohl
im Leib seiner Mutter.

Dilemma
Zwei Herzen klopfen
an in der Notaufnahme.
Eins klopft nie wieder.

Verhältnis? Mäßig!
Vierhundert Euro
für die Abgeordnete;
und vier für ihr Kind.

Kalter Sommer
Die Sonne steht hoch,
über Spanien ein Hoch:
Die Deutschen im Tief.

Nasskalt
Für Michel am Pool,
der nassen Kälte entfloh'n,
ein kaltes Nass.

Spuren
Aus felsigem Strand
baut sich der Sonnengebräunte
sein eigenes Denkmal.

Unvergänglich?

Er stellt sein Denkmal,
errichtet aus Felsenstrand,
ins ewige Netz.

Verkehr(t)

Die Schlange ist lang;
Autos stehn in einer Spur.
Die Ölspur ist frei.

Heißer Sommer

Der Sommer ist heiß.
Die Deutschen gehen baden;
Die Griechen auch

Pech

Die blutjunge Möwe
schnappt sich den zappelnden Fisch
am Haken des Anglers.

Zeitmanagement

Vater auf dem Feld,
Mutter versorgt die Tiere,
die Kinder im Zwinger.

Heimweh

Den Wolken zu schwer,
auf der Erd' nicht zu Hause,
eilt das Wasser heim.

November

Hunderte Dohlen
lärmen am Abendhimmel.
Der Baum versteht sie.

Himmel?

Er schaut nach oben:
Mein Gott, dort soll ich hin?
Der Treppenlift hilft.

Sterben

Der Stute lauschen,
sie einmal noch betrachten
ist sein letzter Wunsch.

Schwarz auf Weiß
Den jungen Schwarzen
trifft der weiße Polizist
direkt in den Rücken.

Am Grabe des unbekannten S.
In feucht-kalter Erde
Erwärmt der Unbekannte
Die Herzen der Feinde.

Der Realist
Am geschenkten Leben
erfreut sich dankbar der Mensch
und stirbt in Frieden.

Der Optimist
Für ihn ist sein Leben
die holperige Straße
zum ewigen Leben.

Der Pessimist
Fremdbestimmt geboren,
eines langen Zwanges müde,
stirbt er selbstbestimmt.

Hilfe
Der Meisterkellner
mixt für den Mann an der Theke
den letzten Cocktail.

Verzweiflung
Ohne Kraft und Freunde
ist sein Leben vollendet.
Er trinkt es zu Ende.

Treue
Noch im Dezember
verharren weiße Rosen
auf dem Kindergrab.

Weihnachten
Plötzlich erhellen
die stille, heilige Nacht
Silvesterböller

Zeit
Das Jahr ist vergangen,
verflogen sind die Stunden;
ich kauf mir die ZEIT.

Anmerkungen einer Kanzlerin

2005 - 2015

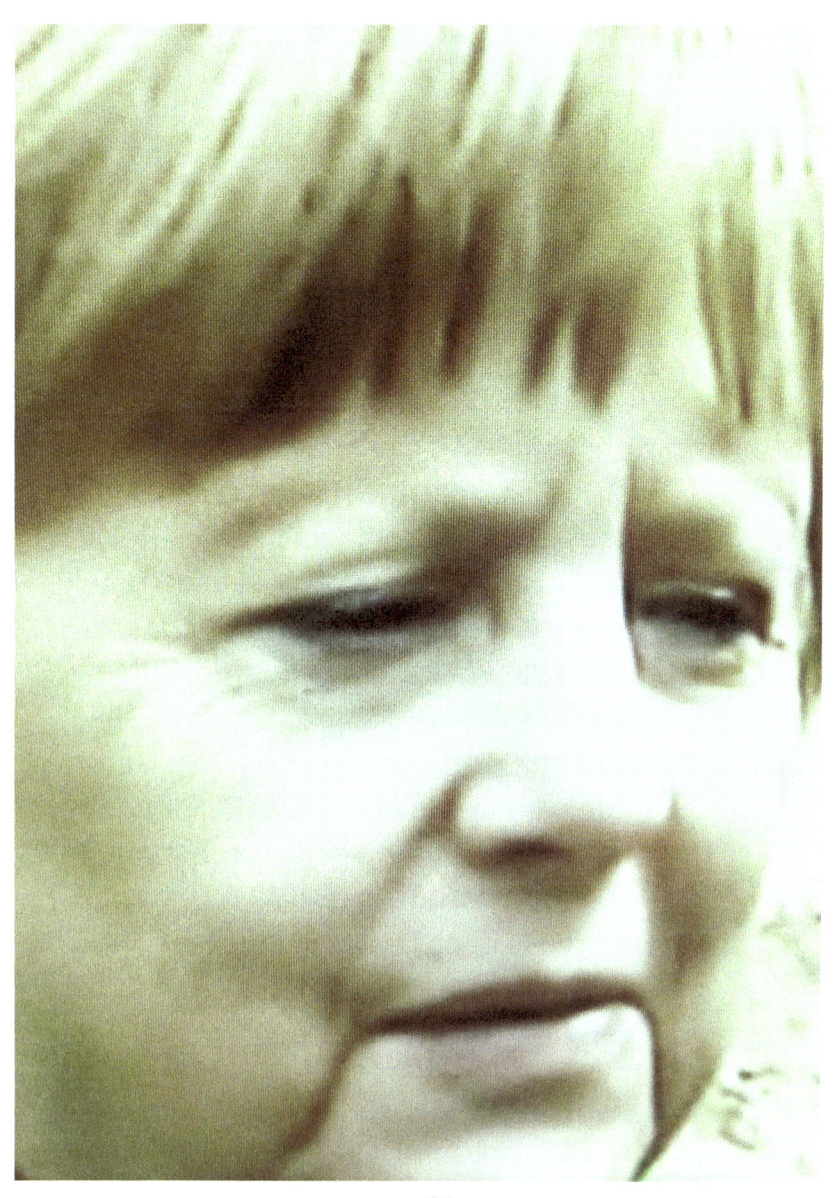

Soll ich mich mit der Königin vergleichen?
Bin ich nicht mächtiger und ebenso klug?
Bin eine vom Volk, zähl nicht zu den Reichen,
Und kenn beim ersten schon den letzten Zug.
Sie muss die Politik vom Blatt ablesen,
Die die Politiker sich ausgedacht.
So richtig frei ist sie noch nie gewesen,
So richtig froh hat sie noch nie gelacht.
Sie residiert in herrlichen Palästen,
Nennt hundert Länder, Schlösser, Burgen mein.
Sie ist die Königin auf allen Festen
Und muss doch Dienerin der Riten sein.
Solang er lebt, der Mensch, die Freiheit liebt,
Solang weiß er, wem er den Vorzug gibt.

(Nach Shakespeares Sonett Nr. 18 „Shall I compare thee to a summer's day…")

Zwei Seelen wohnen, ach...

Bin wie das Licht:
Mal Welle, mal Korpuskel.
Und Emotionen kenn ich nicht.
Mein Herz ist nur ein Muskel.
Ich pflege das Sowohl-als-auch,
Das Heute so und morgen anders.
Was einst verpönt, ist heute Brauch
Und später wieder anders.

Nachdenklich

Ich denk nicht vor, ich denke nach;
Bin Teil des Stroms, und nicht der Bach,
Der an der frischen Quelle trinkt.
Der Strom ist's, der Erfolg mir bringt

Macht

Ich bin die Königin der Macht,
Doch zeig sie nur, wenn's dunkel ist.
Laut bin ich nie, verwende List,
Vor allem dann, wenn keiner wacht.

Populär
Christlich bin ich und liberal,
Konservativ und progressiv,
Dafür, dagegen, ganz egal:
So wie die Volksbefragung lief.
Ich lausche Springer, lausche Mohn
Und immer wieder Allensbach.
So treffe ich den richt'gen Ton,
Meide Kritik und Ungemach.

Flexibel
Partei bin ich und steh fürs Ganze;
Bin mal für Ost, bin mal für West.
Mal für Familie, mal die Emanze.
Für die Mehrheit bin ich und den Rest.
Bin Madame Non und Mrs. Yes.
Bin Frau Vielleicht und Muttilein.
Die Zukunft seh' ich ohne Stress:
Nein, ja, vielleicht – so wird es sein.

Stetig
Bin stetig nur in der Verwandlung.
Der Wechsel hat für mich Bestand.
Für mich ist Nichtstun auch 'ne Handlung.
Und mich drückt niemand an die Wand.

Hilfsbereit

Das gilt natürlich nicht für Banken!
Wer stapelt denn da so tief bloß?
Wenn die am eignen Nutzen kranken,
Da helfe ich alternativlos.

Sparsam

Die schwäb'sche Hausfrau, das bin ich.
Geb nur das Geld aus, das ich hab.
Dem Volke dank ich inniglich,
Das mir der Enkel Reichtum gab.

Freiheit

Dass ich für Meinungsfreiheit bin –
Die ganze Welt soll's wissen!
Nur nicht bei diesem Sarrazin;
Sein Buch gehört zerrissen.

Verteidigung

Die Pflicht zur Wehr ist Staatsraison –
Bis gestern. Heut gilt das nicht mehr.
Jetzt denk ich wie der Herr Baron.
Der kam zur rechten Zeit daher.
Wenn FORSA sagt, der Mann ist gut
Als Edelmann und Plagiator,

Er sanft in meinem Schoße ruht.
Kommt's anders, bin ich Terminator.

Atomkraft

Ich sag mal hott, ich sag mal hü!
Was kümmern mich Versprechen?
Selbst schuld, wenn ich sie breche!
Fukuschima kam halt zu früh.

Sanftmütig

Am liebsten segl' ich vor dem Wind;
Das Kreuzen such ich zu vermeiden.
Das war schon so, als ich noch Kind:
Starken Sturm kann ich nicht leiden.
Dann duck ich mich. Ich kann gut warten.
Und fliege in die ferne Welt,
Zu treffen, wer was auf sich hält –
Am liebsten im stillen Rosengarten.
Die Ehrung, die ich dort erlebte,
War laue Luft, ich bin so frei.
Wo Sturm aufkam, die Erde bebte,
War ich, ich danke, nicht dabei.

Intuitiv
„Ein jeder Preis hat seinen Preis",
Warnen die wohlgesinnten Väter.
Als ob ich das nicht auch längst weiß:
Bezahlen können wir doch später.
Ich muss es noch einmal betonen:
Ich brauche keine Konzeptionen.
Ich kämpfe täglich für mein Volk.
Genau das ist doch mein Erfolg!

Geschäfte
Wenn es um Menschenrechte geht,
Dann bin ich ganz auf dem qui vive.
Weiß ich mal nicht, wie's darum steht,
Finde ich Rat in Tel Aviv.
Ich will's am Beispiel einmal zeigen:
Als es um Panzer ging für Saudis,
Angebliche Human Rights Rowdies,
Macht' ich mir Israels Sicht zu eigen.

Solidarisch
Ich hör der Libyer wehe Klage,
Mit ihrem Leiden leide ich.
Doch angesichts der eignen Lage
Denk ich zu allererst an mich.

Staatsraison

Ob deutsches Volk oder Vertreter,
Was wissen die von Staatsraison?
Erklären werd ich alles später.
Wir sind doch heut nicht mehr in Bonn!
Ich weiß, mein Volk, was dir behagt.
Ich hab Verständnis, wenn du sagst:
Regiere du, lass mich in Ruh;
Ich drücke beide Augen zu.

Westerwelle

Ich bin die Bundeskanzlerin,
Bestimm, das Wer, Was, Wo und Wann.
Kommt das beim Volke mal nicht an,
Halt ich den Kopf dafür nicht hin!
Dafür hab ich den Westerwelle,
Der sich so gern nach vorne drängt.
Es freut mich, wenn man's ihm anhängt:
Sein Ruf hat allemal ne Delle.

Reden

Ich soll 'ne große Rede halten:
Wie will ich unser Land gestalten?
Der Bitte komm ich gerne nach:
„Stark muss es sein, keinesfalls schwach."

Und auf die Frage nach dem Wie
Sage ich: „Besser heut als nie!"
„So nie", bemerken die Experten.
„Nur so", sag ich. „Ich kann's bewerten."

Euroland
Ich bin in Wirtschaftsfragen firm.
Drum bin ich für den Rettungsschirm,
Und allen, die zu andrem neigen,
Sag ich: Nicht reden, sondern schweigen!
Man nennt mich Hochseilakrobat,
Der hoch über dem Volk agiert.
Jedoch, wenn einmal was passiert,
Dies Volk das Netz bereitet hat.
Ob Fonds, ob Bonds, ob Derivate,
Zertifikate, ja Roll-over,
Ob hair-cut oder letzte Rate –
Ich zieh sie an wie mein'n Pullover.
Man sieht's in diesen Tagen wieder:
Experten legen Ämter nieder.
Mich kümmert's nicht. Aus meiner Sicht
Uns' Euroland niemals zerbricht.

Griechenland

Von mir kriegt Griechenland kein Geld!
Bin ich der Financier der Welt?
Dann hörte ich von ferne:
„Was du geben muss, gib gerne."
Noch habe ich ihn nicht verspielt
Den Ruf, den ich für wichtig hielt.
Wenn es denn sein muss, muss es sein.
Ich schenk euch reinsten Wein ein.
Gewiss ist Griechenland zu retten!
Ich bin doch eine von den Netten.
Was ich am allerliebsten tät
Mit meiner Geld-Fazilität?
Die Deutschen ruhig schlummern lassen
Mit vollem Bauch und leeren Kassen.

Hebel

Ich hab den Sachverstand des Westens:
Hebelgesetze kenn ich bestens.
Stochern and're noch im Nebel,
Wähn ich mich schon am langen Hebel.
Ich bin die große Zauberin:
Ich zaubre Geld mit diesem Hebel.
Doch krieg ich das nur sauber hin,
Hab ich für Gegner einen Knebel.

Pofalla

Aufs Glatteis geh ich niemals selber.
Dafür hab ich den R. Pofalla
Er macht die nötigen faux pas-là.
Die Männer sind halt dumme Kälber!

Mindeslohn

Ich war stets gegen Mindestlohn.
Spricht er doch klarem Denken Hohn!
Nun bin ich, eben fällt's mir ein,
Dafür, man muss flexibel sein.
Das Schilfrohr bin ich, nicht die Eiche,
Stemme mich nie gegen den Wind.
Wechselt der Wind, wend' ich geschwind
Man staunt, was ich damit erreiche.

Eurobonds

Ob Eurobonds, ob EZB,
Ich halte Kurs, wie ich ihn seh.
Mögen die Gegner schießen, knallen,
Ich kämpfe hart bis zum Umfallen.

Europa

Und das Projekt Europa?
Das ist doch was für Opa!

Ich vertrete wie besessen
Jetzt nationale Interessen!

Präsidenten
Ob Köhler, Horst, ob Wulff, Christian –
Auf Eignung kommt es mir nicht an.
Sie müssen passen ins System:
Ohne Profil und höchst bequem.

Vertrauen
Man sagt, ich lebe vom Vertrauen.
Doch traue ich nur dem Misstrauen.
So habe ich viel Feind und Ehr
Und keiner fragt: „Angela – wer?"

Wulff in Not

Ist mal ein Freund in großer Not,
Vielleicht sogar politisch tot,
Dann kriech in mein Schneckenhaus
Und komm erst zum Begräbnis raus.
Dann sprech ich meinen Nekrolog,
Lobe den Freund, find Worte schöne.
Mein Volk erwartet solche Töne.
Ich folg wie immer diesem Sog.

Gauck

Ich will beliebt sein. Das ist alles.
Ich stolpre nicht im Fall des Falles.
Ich schlucke selbst Joachim Kröte
Und fremd bleibt mir die Schamesröte.
Warum ich diesen Gauck nicht mag?
Der denkt zu viel. Der kommt mir quer.
Ich möchte einen Deutschen, der
Mich um Rat fragt – Tag für Tag.

Betreuungsgeld

Wer Kleinkind, seins, zu Hause hält,
Bekommt von uns Betreuungsgeld.
Das schmeckt nicht Grünen und nicht Bossen.
Ach, hätten wir's doch nie beschlossen!

Herzenswärme

Das Volk, hör ich, schwärme
von meiner Herzenswärme,
weil ich mich mit Güte
um Versöhnung bemühte.
Ich hör es gern,
doch ist das fern
der Wirklichkeit
unserer Zeit!
Ein jeder Bürger kann ermessen,
wie unterschiedlich die Int'ressen.
Drum, kommt mir einer in die Quere,
erteil ich ihm ne bittre Lehre.

Minister Röttgen

Ich bin bekannt, ich bin beliebt!
Wer meint, dass Wichtigeres es gibt,
Den frier ich aus, den schmeiß ich raus!
Ich bleib die Domina im Haus.

Meine Partei

Mich kümmert nicht die CDU.
Mag sie kranken, mag sie schwinden!
Ich steh mit meinem Volk auf du:
Ich werd schon meine Wähler finden!

Der Pakt
Ich setz auf den Fiskalpakt,
Auch wenn's ein wahrer Kraftakt.
Klappt's nicht, mach ich die Wende,
Sonst wär's vielleicht mein Ende!

Fußball
Ich bin ein deutscher Fußballfan!
Das kommt bei meinem Volk gut an.
Und haben wir gewonnen
Kann ich mich darin sonnen.

Euro im August
Zum Euro fällt mir nichts mehr ein.
Ich habe Ja gesagt und Nein,
Jetzt sag ich nur noch: Meinetwegen!
Und geb zu allem meinen Segen.

Mächtig mächtig
Ich bin die Mächtigste der Welt.
Ich weiß, was sie zusammenhält:
Die Deutschen müssen zahlen,
Jedoch erst nach den Wahlen!
„Nein", sagt die deutsche Bundesbank.

Ich sage „Jein!", bin doch nicht krank.
Ich tue keinem Deutschen weh;
Die Schuld hat ja die EZB.

Maß

Unkenntnis und Volkes Ohnmacht
Sind mir Gewissheit, meine Macht.
Das einz'ge Maß, mit dem ich messe,
Ist ganz allein der Druck der Presse.

Gorleben

Gewiss, zu meinem Vorleben
Gehört das Lager Gorleben.
Gar nichts, was ich gesagt, war nichtig.
Ich sprach damals nur noch nicht richtig.

Strompreis

Nicht teurer wird der Strom, sagt' ich.
Und bleibt bezahlbar, setzt auf mich! –
Für große Firmen, meinte ich.
Wer's anders sah, der irrte sich.

Offen

Naturwissenschaftler bin ich
Und Erkenntnisse gewinn ich
Jeden Tag neu. Was heute Streu ist
(Wie Stroh und Heu) ist morgen Mist.

Wahrheit

Mein Volk erträgt die Wahrheit nicht.
Und wie erspar ich ihm die Qual?
Ich führ es schweigsam hinters Licht,
Gewinn zum Dank die nächste Wahl.

Parteitag

Es war ein Tag der Huldigung.
Ich bitte um Entschuldigung:
Doch Höflinge und Funktionäre
Wollten, dass ich Königin wäre.

Mutter

Mein liebes Volk, es geht uns gut.
Alles ist bei uns in Butter,
Wenn jeder seine Arbeit tut.
Es grüßt Euch herzlich, Eure Mutter.

Regierungserklärung

Ernst ist die Lage und verfahren,
Doch muss das denn mein Volk erfahren?
Wem nützt es, alles zu erklären?
Ich muss beruhigen und verklären!
Zudem weiß ich oft selber nicht
Wo in der Dunkelheit der Licht-
Schalter im Tunnel sich befindet
Und wo mein ganzes Mühen mündet.

Macher

Gelingt mir was, bin ich der Macher.
Wenn nicht, ist's Schuld der Widersacher.
Mitleid empfindet dann das Volk,
Leidet mit mir beim Misserfolg.

Statistik

Deutschland ist noch wen'ger volkreich,
Doch selber war ich höchst erfolgreich:
Noch reicher wurden unsre Reichen
Und für die Armen wird's schon reichen.

Schrott

Natürlich bin ich sehr besorgt,
Dass der Atomschrott endentsorgt
Im eig'nen Land bleibt, ehrlich,
Exportieren wär gefährlich.
Zwar ist die Lagersuche offen:
(Sie könnt zu keinem Standort führen!)
Dann bleibt für mich nur noch zu hoffen,
Dass mein Volk andre Fragen rühren.

Mali

„Monsieur le Président, ich bitte,
Betrachten Sie doch meine Lage:
Woll'n Sie, dass ich die Wahrheit sage?
Mein Volk erträgt nur kleine Schritte!"
Natürlich weiß ich, was er fordert:
Auch Deutsche werden hinbeordert.
„Lass erst mein Volk in Ruhe wählen
Und sich nicht mit Mali, Mali quälen!"

Sanitäter

Das erste Schrittchen: die Transall.
Danach ein Flugzeug zum Betanken?
Das dritte: Trainer für den Fall,
Dass Malier sich noch immer zanken.

Damit niemand sich wundert,
Schicke ich höchsten dreihundert.
Keine Kämpfer, keine Täter!
Allesamt Helfer, Sanitäter!

Berater
Gern zeig ich mich mit reichen Machern;
Es gibt ja immer was zu schachern.
Damit ist Schluss, wenn sie Verlierer
Wie Hoeneß oder Herr von Pierer.
Bei Hoeneß wollt ich Amnestie
Dank Ehrlichkeit und Selbstanzeige.
Nun geht der schöne Tag zur Neige;
Da merkte ich: Das geht so nie!

Vergangenheit
Da keiner mich danach gefragt,
Was ich als FDJlerin getrieben,
Hab ich dazu auch nichts gesagt:
Untadelig bin ich geblieben!
Ich hab gelernt mich anzupassen;
Ich war daher niemals zu fassen.
Vermied es, jemals anzuecken.
Hab eine Akte ohne Flecken.
Das war ne gute Vorbereitung

Auf Führungsaufgaben und Leitung.
Mein eigner Spruch, vielleicht zu flott:
Ich bin was, dank der FDJ.
Einst war's für mich die SED,
Die mich lehrte, was zu denken.
Heute lasse ich mich lenken
Von Umfragen und ARD.

Störenfried
Drei Monate sind's noch bis zur Wahl,
Da patzt schon wieder ein Minister.
Mein Kabinett ist mir ne Qual:
Dumm, dreist, feige. Wie sinister!
Den de Maiziere verlässt das Glück!
Ich sitz' auf meinem hehren Throne,
Fühle mich wohl, lehn mich zurück.
Was kümmert mich die Habichtdrohne!

Allein
Der einzige, der niemals fehlt,
Bin ich. Unfehlbar, tadellos.
Am Ende frage ich mich bloß:
Was mach ich, wenn die Mannschaft fehlt?
Man schreibt, ich sei die Zauberin,
Die ein ganzes Volk einlullt.

Oder, ich sei die Zauderin,
Die niemals übernimmt die Schuld.
Mein Volk soll ruhig werkeln,
Ich fahre fort zu merkeln:
Versprech, was schon versprochen,
Verschweig, was schon gebrochen.

Abgehört?
Ich weiß, natürlich, was ich weiß,
Doch habe ich nichts schwarz auf weiß.
Ich sag, es wäre ein Verbrechen,
Unsre Gesetze so zu brechen!
Die Amis werden mir zur Qual
So wen'ge Wochen vor der Wahl!
Wie gern hätt ich's vermieden

War mit mir so zufrieden!
Mein Gott, ich wurde abgehört!
Das geht gar nicht, Herr Obama.
Sie wissen nicht, was sich gehört:
Sie haben ein schlechtes Karma.

Wahlsieg
Die Wahl hab ich gewonnen, klar!
Unser Programm war schließlich ich.
Und was die Koalition gebar
Ist reines Wohlgefühl, und ich.

Nach der Wahl
Was vor den Wahlen Sache war
Gilt heut nicht mehr, ist nicht mehr wahr.
Drum mach ich mich z.Zt. recht rar.
Doch Kanzl'rin bleib ich, das ist klar!
Ich habe wochenlang verhandelt,
Mit schärfsten Gegnern angebandelt.
Wir haben allen was geschenkt,
Rentenbeiträge umgelenkt.
Leider vergaß ich zu erwähnen,
Vor der Wahl, Gedanken zu Plänen,
Uns're Diäten anzuheben.

Nun ja, auch wir müssen ja leben!
Höhere Steuern konnt' ich nicht dulden,

Habe ja mein Wort gegeben.
Erhöhen muss ich zwar die Schulden,
Die zahlen wir im nächsten Leben.
Liebe Brüder, liebe Schwestern!
Ich bin die Kanzlerin für's Heute.
Und das ist morgen schon das Gestern.
So war's schon immer, liebe Leute!
Zwei Tage später fällt mir ein:
Was gestern war kann nicht mehr sein.
Schluss mit Ängsten, Schluss mit Krämpfen:
Auch wir Deutschen müssen kämpfen!

Wie soll ich das dem Volke sagen,
Das doch ganz andre Sorgen plagen?
Mein guter Ruf steht auf dem Spiel
Und das ist wahrlich nicht mein Ziel!
Wer kümmert sich um solche Sachen?
Der Präsident! Er soll es machen.
Er macht das brave Volk nicht stutzig
Und ich mir meine Händ' nicht schmutzig.

Minister Friederich

Kaum im Amt, ich kann's nicht fassen,
Benimmt der gute Friederich
Sich dumm und gar so liederlich.
Da musst' ich ihn entlassen!

Maut

Zwar sagte ich eindeutig, laut:
Mit mir gibt's keine neue Maut.
Nun aber, unvoreingenommen,
Sag ich, sie wird wohl kommen!

Koalitionstreue

Egal, was ich dem Volk versprochen,
Ich kann mein Wort nicht halten.

Ließ Ehrlichkeit ich walten,
Wär die Koalition zerbrochen

Logisch!
In Kampf- und Kriegsgebiete
Schickt Deutschland keine Waffen.
Doch wenn wer dort in Not geriete,
Muss ich mit Waffen Frieden schaffen.

Absicherung
Laufend lass ich mein Volk befragen,
Es soll mir möglichst täglich sagen,
Was int'ressiert, was nicht gefällt,
Vor allem, was es von mir hält.

Motto
„Beliebtheit durch Beliebigkeit",
Wirft man mir vor mal laut, mal leise.
Ich antwort' auf bewährte Weise:
Nicht.

Einsatzbereit
Liebe Deutsche, guten Morgen!
Macht euch bitte keine Sorgen:

Erkannt hab'n wir die Wehrmisere;
Und das gereicht auch mir zur Ehre.
Mit Recht fragt ihr mich: Und was nun?
Nun, ich hab' damit nichts zu tun.
Wie konnte ich denn wissen,
Dass die Geräte so zerschlissen?
Nein! Nein! Was die Ministerin tut
Ist angemessen und sehr gut.
Die Ministerin von der Leyen
Wird sich die Fluggeräte leihen.

Was nun?

Zu Ende geht die Zeit der Raute.
Es naht die unliebsame Flaute.
Das ist mir äußerst unbequem,
Die Schuld dafür die geb ich wem?

Jahresgutachten

Vor uns liegt ne schwere Zeit
Haben die Weisen prophezeit?
Deutsche, macht euch keine Sorgen,
Denkt an heute, nicht an morgen!

Kohle

Dasselbe gilt für eure Kohle –
Ich mein die Stein- und braune Kohle.
Sie ist für uns die neue Brücke;
Ohne Atom hab'n wir ne Lücke.

Rente

Liebe, liebe Junge Leute,
Wie Ihr wisst, fahr ich auf Sicht;
Lieber gute Renten heute:
In die Ferne schau ich nicht.

Der Soli

Ich soll die SOLIdarität
Einfach beenden? Mein Versprechen?
Was wär, wenn ich das wirklich tät?
Die Schwarze Null würde zerbrechen!

Jahresbilanz

Geschenke sind nun wohl verteilt
(Und wir machen keine Schulden).
Wen jetzt die Armut noch ereilt,
Der muss sich lange Zeit gedulden.

Hitler

Mein Gott, was tat ich denn den Griechen?
Mit Hitler haben sie mich verglichen!
Sie wollte ich doch schützen.
Das Sparen sollte nützen!
Woll'n sie sich einst erholen:
Muss ich mich wiederholen:
Sie haben nicht die Qual der Wahl;
Sie haben nur die Wahl der Qual!

Europas Zukunft

Ich handle so wie alle Leute.
Ich denke so wie Millionen:
Was helfen neue Visionen?
Was ich tue, tu ich für heute.
Ich halt nicht viel von Strategie;
Entscheide das Was, Wann und Wie
Allenfalls mit Blick auf morgen;
Was kümmert mich das Übermorgen!

Mitten am Rand

Am Rand des Ministerrates
Stand ganz im Zentrum, ja, das tat es!
Im Mittelpunkt, ich mein sogar
Im Fokus, die Welt, wirklich wahr!

Ukraine 2015
Vierzig Mal sprach ich mit dir,
Mein lieber guter Wladimir.
Nur, warum hörst du nicht auf mich?
Denkst du denn wirklich nur an dich?

Die Krim kannst du ja gern behalten,
Aber den Osten der Ukraine?
Wo böse Kräfte sinnlos walten?
Das geht nun gar nicht, wie ich meine.
Wir sind doch alle Diplomaten.
Wir schießen nicht, wir woll'n beraten,
So lang, bis du zufrieden bist
Und die Ukraine russisch ist.

Diplomatie

Ich bin die Reisekanzlerin.
Frieden zu schaffen ist mein Sinn.
Die Lösung sei das Militär –
Das zu glauben fällt mir schwer.
Drum sage ich: Waffen zu schicken
Wird niemanden beglücken.
Auch wenn Ukraina unterdrückt,
Zu kämpfen wär total verrückt!

Das Volk bewundert mein Format
Als großer Reise-Diplomat.
Ich will auf keinen Fall den Krieg
Bedeute es auch Putins Sieg.
Ich lebte in der DDR,
Als noch der Russe war ihr Herr:
Zwar litt die Freiheit große Not,
Doch war'n wir lieber rot als tot.
Ich sage Freunden und Genossen:
Betrachtet die Realität:
Es wird geredet und geschossen.
Erstaunlich, was zusammen geht!

Menschenbild
Ich sage, all mein Tun und Handeln,
Selbst mein häufiges Verwandeln
Beruh'n auf dem, was ewig gilt:
Mein unvergänglich' Menschenbild.

Niederlage in Hamburg
Wenn der Gegner so perfekt ist,
Wenn er niemals angeeckt ist,
Ist er, wie ich, einfach unschlagbar.
Unsre Niederlage ist tragbar.

Unsicherheiten

Die Deutschen sind allein zu Haus,
Und wissen kaum noch ein noch aus:
Haben sie jetzt Schulden bei den Griechen?
Müssen sie vor Putin kriechen?
Die Alterssicherung zerfällt?
Für Kinder hat der Staat kein Geld?
Die Stromversorger gehen pleite?
Investoren suchen das Weite?
Die Drecksarbeit in der Misere
Bringt wenig Ruhm und keine Ehre,
Drum sprech ich flugs in Japan vor
(Und Gabriel klopft an Dohas Tor).
Wo Kontroversen unvermeidlich,
Schick ich Schäuble gerne vor,
Der opfert sich und schlägt sich leidlich,
Der alte Schuldigkeitenmohr.

Heilpraktiker

Deutsche haben's gerne schmerzfrei,
Sie halten nichts von Diagnosen,
Die seriös und völlig scherzfrei.
Sie möchten dornenlose Rosen.
Drum bin ich ungern der Chirurg,

Der einen scharfen Einschnitt liebt.
Bin Heilpraktiker durch und durch,
Der gern Beruhigungspillen gibt.
Da nichts für mich alternativ,
Pflege ich stets palliativ.

Mein Griechenland
Ich schwieg zunächst zum Flächenbrand,
Der zwischen Athen und uns entstand,
Doch wenn's mir nicht mehr geheuer,
Hol ich die Kohlen aus dem Feuer.

Absturz
Die Toten sind noch nicht gefunden,
Unermesslich der Liebsten Wunden;
Solange sie nicht abgelichtet,
Sind Scheinwerfer auf mich gerichtet.

Flucht
Ich weiß, es gibt Migranten
Und viele Asylanten,
Die leiden und verkümmern;
Soll ich mich darum kümmern?
Ich bin präsent in aller Welt,

Treffe die Chefs von vielen Staaten
In Vorbereitung großer Taten
Oder was man dafür hält.
Mit Politik für die Verbannten,
Für Flüchtlinge und Asylanten
Lässt sich mein Anseh'n nicht vermehren.
Da sollen Andre sich bewähren!

Unterwürfig?
Bin ich ein USA-Vasall?
Ich stütze Freunde überall!
Selbst vorm Krieg in dem Irak,
Bei dem die ganze Welt erschrak,
Stand ich auf George Bush' Seite.
Natürlich nicht mehr nach der Pleite.

Geheime Daten
Vasall! Höre ich nun wieder.
Selbst mein Vize macht mich nieder!
Ich soll die Freigabe verlangen,
Ich soll nicht um die Freundschaft bangen.
Das ist ein schwieriger Spagat
Und in jedem Fall Verrat!
Da schweig ich lieber, bleib beflissen.
Mein Volk will's sowieso nicht wissen.

Verantwortung

Warum steh ich in der Kritik?
Weil das Kanzleramt gelogen
Oder die Tatsachen verbogen?
Das ist reine Polemik.
Verantwortung trag ich insgesamt,
Nicht aber für ein einzelnes Amt.
Aufsicht, Prüfung und Kontrolle
Gehören nicht zu meiner Rolle.
Ich regier seit meiner Wahl
Frei schwebend und präsidial.
Was für mich am Ende zählt?
Dass das Volk mich wiederwählt!

Psychologen

Die Nachricht hat das Volk ereilt:
Alle Geschenke sind verteilt.
Nun öffne ich Pandoras Dose,
Mein Volk bedarf guter Hypnose.
Drum stell ich Psychologen ein,
Experten all für schönen Schein:
Die Leute sollen gerne wollen,
Was ich bestimme, das sie sollen.

Geheimdienste

Der NSA-Strich-BND
Verhält sich wie ein scheues Reh.
Er lauscht und späht
Von früh bis spät
Und zeigt sich selten offen,
Wie wir uns das erhoffen.
Ich bin nicht Heger,
Kein Tierpfleger
Und schon gar nicht bin ich Jäger.
Ich kann zu den gestellten Fragen
Ehrlicherweise mehr nicht sagen.

Verneigung in Moskau

Vereint am Grabe des Soldaten,
Am Abend friedliches Beraten,
Bleibt Putin zugleich Freund und Feind,
Der niemals sagt, was er denn meint.
Wir trinken aus dem Friedensbecher,
Ich und dieser Friedensbrecher.
Vor Kamera und Mikrophon
Greif ich zu einem schärf'ren Ton.
(Dem Volk gefällt's,
Gott vergelt's!)

Er steht für Unrecht und Verbrechen,
Ich für Versöhnung, nicht für's Rächen.
Und sage trotzdem: Weiter so!
Das ist nun mal der Status quo.

Unerledigt

Ich weiß, es gibt noch viel zu tun,
Hab keine Zeit mich auszuruhn.
Der Kampf um die Energiewende
Ist noch lange nicht zu Ende.
Auch die Reform der Bundeswehr
Fällt meiner Regierung schwer.
Der Euro hat an Wert verloren,
Der Negativzins ist geboren.
Und die sichere Altersrente
Ist leider eine Zeitungsente.
Die Sache mit der Spionage
Ist eine schreckliche Blamage.
In der Ukraine wird geschossen,
Und „Minsk" ist nicht in Erz gegossen.
Trotz allem: keine Panik.
Wir sind nicht auf der Titanic!

Besuch aus Ägypten

Für General und Präsident
Den Roten Teppich als Präsent!
Erst das Geschäft, dann die Moral?
Ich habe keine andre Wahl.
Großaufträge sind angebahnt,
Hab Menschenrechte angemahnt.
Gefolterte täten mir leid,
Dienten sie nicht der Sicherheit.
Mehr hab ich dazu nicht zu sagen,
Also: keine weiteren Fragen.

Klimakanzlerin (2)

War das nicht ein gelung'ner Gipfel?
Erfolgreich bis zum letzten Zipfel!
Die Medien singen Lobeslieder,
Klimakanzlerin bin ich wieder!
Die Erde werden wir bewahren
In weniger als neunzig Jahren.
Wahrscheinlich leb ich dann nicht mehr,
Doch das beunruhigt mich nicht sehr:
Haben wir nicht auch genossen
Was man vor achtzig Jahr'n beschlossen?

Dobrindt und Co.
Ich bin ne Frau, die moderiert,
Bin keine Chefin, die regiert.
Minister agieren allein;
Selbst geh ich kein Wagnis ein.
Ich werd mir nicht die Haare raufen,
Wenn die ins offene Messer laufen!

Wie gehabt
Aller guten Dinge
sind drei.
Auch wenn ich mit mir ringe:
Hellas bleibt dabei!
Es schickt kein gutes Krankenhaus
Einen todkranken Mann nach Haus.

Zukunft
Am Ende meiner Amtszeit zählt
Für wen mich dann die Nachwelt hält.
Ich fürchte nicht Politiker,
Wohl aber meine Kritiker.
Schon stellen sie Vergleiche an
Zwischen mir und Schröder(dem Mann!):
Er ließ die Gürtel enger schnallen,

Dagegen ich Sektkorken knallen.
So macht man meinen Ruf zunichte,
Doch den bestimmt nur die Geschichte.

Volkes Stimmen

Rätselhaft, der Mensch

Millionen Meilen würd er geh'n,

der Mensch, um zu versteh'n,

welcher Leim

die Welt,

damit sie nicht zerfällt,

zusammenhält.

Und welcher Reim,

(Millionen Wörter steh'n zur Wahl,
eine erstaunlich große Zahl)

zu welchem passt.

Alle Wörter hat er erfasst,

dazu den Reim, der passt.

Das heißt: fast!

Auf „Mensch" lässt sich nichts reimen.

Der Mensch lässt sich nicht leimen.

Des Menschen Glück?

Sein Hab: ein Hahn
Mit kupfernem Gefieder
Und dunkelrotem Kamm.
Sein Wunsch: ein Fasan
Mit silbernem Gefieder
Von reinem Stamm.
Sein Traum: ein Pfau
Mit goldenem Gefieder
Direkt aus Vietnam.
Sein Glück und Stolz:
Aus Banyamholz!

Wer bin ich?

2030
Keiner kennt mich,
nicht einmal ich!
Mein Vater lebt, sagt man, in der Ukraine,
wahrscheinlich meine Mutter auch.
Die, die sich meine Mutter nennt, lebt alleine.
Mein Aufenthalt war kurz in ihrem Bauch.
Sie ist nach ihrem Schlaganfall
seit Jahren schon ein Pflegefall.
Sie schaut mich an
und kennt mich nicht.

Ich schau sie an
und kenn sie nicht

Ich kenn nicht Oma und nicht Opa,
und das im alten Europa!
Mein Bruder könnt mein Onkel sein;
die Schwestern sind – sie mögen's verzeih'n –
schon recht betagte Damen,
der'n Kräfte schon erlahmen.
Verwandt bin ich mit ihnen nicht,
da führt mich keiner hinters Licht.

Also wer bin Ich?
Keiner weiß es,
nicht einmal ich.
In Deutschland
mit niemandem verwandt
bin ich Asylant
im eigenen Land.

Absturz in den Bergen
Unvereinbar
Sie haben Pläne,
die Passagiere an Bord.

Der Co-Pilot auch.

Gefangen
Über den Wolken
ist die Freiheit sehr groß
für den Piloten.

Egoismus
Nach zügigem Anstieg
ist die Flughöhe erreicht.
Dem Piloten reicht's.

Ahnungslos
Zeit zum Entspannen!
Acht Minuten vor dem Tod
beginnt der Service.

Allmacht
Sie lieben das Leben.
die Stunde des Todes
kennt nur der Kranke.

Trauernde
In ihren Herzen
bleiben die Beileidsschreiben

verschlossen zurück.

Katastrophe 1
Frankreich
Hundertfünfzig Menschen sind tot.
Deutschland ist wie aus dem Lot.
Die Medien sind in großer Not:
Keine Bilder! Ihr täglich Brot!
Tote, die g'rad erst gefunden,
Und Trauernde, die arg geschunden,
Zu filmen wäre schändlich.
Da komm'n Politiker, endlich!

Füllen sie gern die Lücken?
Wen sollen sie beglücken?
Sie bekunden ihr Erbarmen,
Indem sie sich umarmen.
Die Medien nutzen's gerne
Für Menschen in der Ferne:
Die wollen zum Verstehen
Lebende Bilder sehen.

Katastrophe 2

Mittelmeer

Hundert Schiffe sind gesunken.
Tausend Flüchtlinge ertrunken.
Bilder gibt es keine;

Sie starben ganz alleine.
Wer will schon so was sehn?
Kein Medium, kein Fernsehn!
Es gibt auch keine Politiker,
Die vor Ort Anteil nähmen.
Zu sehr fürchten sie die Kritiker,
Die in die Quere kämen.
Da bleiben Merkel und Hollande
Doch lieber am Rande.
Hier zeigen nur die Erbarmen,
Die ein Herz haben für die Armen.

Die Heinzelmännchen aus Berlin

Wie ist's in Deutschland doch zudem
Dank der Politiker bequem.
Sie kümmern sich im Fall des Falles
In uns'rem Leben fast um alles.
Sie entscheiden und lenken,
Wir selbst soll'n nicht denken.
Bestimmen für morgen
Was unsere Sorgen.
Sie diskutieren
Und parlieren
Und fabulieren und tagen,

Ohne uns jemals zu fragen.
Woran wir selber nie gedacht –
Sie haben es einfach gemacht!
(nach August Kopisch, Die Heinzelmännchen aus Cöln)

Resignation
Ein Mann besteht auf seinem Recht.
Den Herrschern ist es prompt nicht recht,
Schaffen alsbald ein neues Recht,
Was wiederum dem Mann nicht recht.
Doch anstatt sich zu wehren,
Will er davon nichts mehr hören.
Verbringt die Freizeit ab sofort
In seinem Garten und beim Sport.

Bildung ist alles
„Die Zukunft, das sind unsere Kinder:
Wir brauchen Schöpfer und Erfinder;
Im Fall des Falles
Ist Bildung alles!"
So ist es vor der Wahl zu hören.
Politiker wollen betören.
Reformen werden fest versprochen,

Manchmal sogar ehrlich begonnen,
Doch weil die Mittel bald zerronnen,
Auf halbem Wege abgebrochen.
Informieren,
Diskutieren,
Reformieren,
Finanzieren,
Lust verlieren.
Da naht auch schon die nächste Wahl,
Der Wähler hört zum xten Mal:
„Die Zukunft, das sind unsre Kinder.
Wir brauchen Schöpfer und Erfinder...".

Keine Zeit

Erziehung und Bildung ihrer Jugend
Ist der Deutschen größte Tugend.
Die Deutschen sind dazu bereit,
Doch sie haben keine Zeit.

Die Kleinsten zu lieben und hegen,
Nicht nur zu wickeln und verpflegen
Dazu sind Eltern gern bereit,
Doch sie haben keine Zeit.

Die schönsten Kitas sind gebaut,
Moderne Lernmittel verstaut.
Nun herrscht große Einigkeit:
Das Personal hat keine Zeit.

Integrieren, inkludieren
Niemand will ein Kind verlieren;
Erzieher sind dazu bereit,
Doch sie haben keine Zeit.
Kinder wollen fröhlich lachen.
Schule soll viel Freude machen.
Auch Lehrer sind dazu bereit,
Doch sie haben keine Zeit.

Die Deutschen wären gern bereit,
Keine Zeit mehr zu verlieren,
In Bildung viel zu investieren,
Wär Zeit nicht Geld und Geld nicht Zeit.

Heißes Eisen
Der Minister spielt gern mit Drohnen;
Frau Minister gelobt schön'res Wohnen.
Für das defekte Sturmgewehr,
Die Braut aller Soldaten,

Mit dem sie in Not geraten,
Übernimmt keiner die Gewähr.
Minister hassen heiße Eisen;
Lieber gehen sie auf Reisen.

Ich weiß nicht...

Ich weiß nicht, was soll es bedeuten,
Dass ich so traurig bin:
Eine Nachricht aus diesen Zeiten
Die geht mir nicht aus dem Sinn.
Die Luft ist dick und es regnet
Und holprig fließt der Verkehr.
Und wer sich darin begegnet,
Der lächelt schon lange nicht mehr.
Straßen sind schlecht, und Brücken.
Ständig steht man im Stau.
Es gibt mehr Wagen als Lücken
Zumal bei Straßen im Bau.
Die Fahrer in ihren Autos
Sind viel Kummer gewöhnt.
Sie ärgern sich nur noch lautlos,
Als es im Radio tönt:
Die MAUT wird Besserung bringen
Und sie ist kostenlos!

Die Fahrer beginnen zu singen
Vor Freude, fassungslos.
Sie lassen das Steuer fahren,
Sie stellen das Radio laut.
Und Bums! sind sie aufgefahren
Und das nur wegen der MAUT!
(nach H. Heine, Die Loreley)

Aufmunterung der Genossen
Ein Barde im Bundestag
Ihr, lasst euch nicht bekehren
In der verkehrten Zeit.
Die Leichtbekehrten lügen,
Und die Schnellen frech betrügen:
Zum Wechsel stets bereit.
Ihr, lasst euch nicht entrechten
In recht rechtloser Zeit,
Schon gar nicht von den Rechten
Oder den fremden Mächten:
Ihr Einfluss ist nie weit.
Ihr, lasst euch nicht entehren
In unsrer ehrlosen Zeit.
Ihr Ansehen wollen sie mehren,
Das Unsere rasch versehren

Durch provozierten Streit.
Ihr, lasst euch nicht ablenken
In der gelenkigen Zeit.
Ihr habt vieles zu bedenken
Und gar nichts zu verschenken.
Ich bitt euch, bleibt gescheit.
Ihr, folgt eurem Gewissen
In gewissenloser Zeit.
Werdet ihr auch gebissen,
Vielleicht sogar zerrissen:
Kämpft für die Ewigkeit!
(frei nach „Ermutigung" von Wolf Biermann)

Das Kopftuch
Als Dora einst die Kühe melkte,
Und Maud, dass die Frisur nicht welkte,
Ihr Haar mit grauen Tüchern schützten,
Waren es Dinge, die sehr nützten.
Heut hab'n, mein Kind, die bunten Tücher,
Genauso wie sehr viele Bücher,
Zu tun mit Aischas stolzem Kopf
Und fast nichts mehr mit ihrem Schopf.
(nach Wilhelm Busch, „Schein und Sein")

Griechische Helden

Gewählt wurden sie heuer,
Haben ein neues Programm:
Das würde ganz schön teuer,
Doch zurück hält sie kein Damm.
Sie wollen alles wagen;
Die andern solln's ertragen
Ramm! Ramm!

Varoufakis und Tsipras
Altmythische Giganten
Und jeder für sich ein Ass
Betreten wie Elefanten
Europas große Bühne,
Fordern von andren Sühne.
Na so was!

Achtzehn Minister staunen
Über die coolen Griechen,
Ihre Sprüche und Launen
Und dass sie stehn, nicht kriechen.
Die klagen über Schulden,
Was Landsleute erdulden:
Die siechen.

„Nach eigner Analyse",
Sagen die beiden Helden,
„Müss'n wir zur Dialyse."
Worauf achtzehn vermelden:
„Warum nach Hilfe gieren?
Ihr habt gesunde Nieren!"
Das sind Helden!
(frei nach „Gefroren hat es heuer...")

Wiege der Demokratie
Frei haben die Griechen abgestimmt:
Ein klares Nein zum Sparen
Und den Euro bewahren!
Kein Demokrat, der das nicht hinnimmt.

Regierer haben abgestimmt:
Ein klares Ja zum Sparen
Und Europa bewahren!
Weh' dem, der das nicht hinnimmt.

Was Gutmenschen genießen:
Neue Milliarden fließen.
Die Griechen bleiben heiter,

Machen wie gewohnt weiter:
Vergrößern ihre Schulden;
Europa wird's erdulden.

Wir und die Ukrainer

Wohlstand und Ruhe
Täglich Getue
Banges Gefrage
Nach neuster Lage
Macht niemand frei.
Brutale Gewalten
Mit Nachdruck aufhalten
Sich niemals ergeben.
Für Freiheit und Leben.
Ruft gern die Hilfe
Der Freunde herbei!
(nach J.W. Goethe, „Beherzigung")

Die Ukrainer und die Ukraine

Ein Volk sitzt zwischen Ost und West
In einer bösen Falle fest.
Von Osten tapst heran ein Bär,

Der Westen schimpft und drohet sehr.
Doch näher kommt der Bär der Falle.
Vergeblich schrei'n im Westen alle.
Das Volk bedenkt: Geht das so weiter,
Dann wäre es doch wohl gescheiter,
Sich dem Bären zu ergeben.
Was nützt uns Freiheit ohne Leben?
Leben möchte ich auch künftig.
Das Volk, so scheint mir, ist vernünftig.

(nach Wilhelm Busch, „Es sitzt ein Vogel auf dem Leim...")

Die Russen und die Ukraine

„U kraina" heißt übersetzt
Ganz einfach: „am Rande".
Sie liegt also im Lande;
Ihr Abfall: eine Schande.
Die Russen fühlen sich verletzt.

Im Wildgehege von Elmau

In einem riesigen Gehege
Treffen sich zur Beziehungspflege
Mit einem tausendfachen Tross
In einem umgebauten Schloss

Sieben gewählte Alphatiere,
Darunter sechs verschied'ne Stiere
Und eine prächt'ge Leitkuh.
Die Menschen draußen schauen zu:
Die Stiere all in Dunkelgrau,
Die Leitkuh rot oder hellblau.
Öffnen sich einmal die Gatter
Eilen mit hörbarem Geschnatter,
Um schöne Tierbilder zu schießen,
Reporter in das Tiergehege
Und drehn und knipsen äußerst rege,
Bevor die Gatter wieder schließen.
Sind die Bilder dann beschnitten,
Sieht man die Leitkuh in der Mitten.
Zur Rechten und zur Linken
Sieht man die Stiere lachend winken.

Die Leitkuh spricht in Mikrophone,
Dass sich der Aufwand sehr wohl lohne:
CO2 Ausstoß wird gedämpft.
Epidemien bekämpft.
Putin bleibt sanktioniert.
Der IS wird isoliert.
Der Flüchtlingsstrom wird umgelenkt.
Die Zahl der Hungertoten gesenkt.

Es steigt ein heißer Luftballon
Über die Berge und davon,
Trägt mit sich fort, wen wundert's,
Die Versprechen des Jahrhunderts.
Und ein Jahr später zur Pflege
Trifft man sich wieder im Gehege;
Staatslenker und Berater.
Machen dasselbe Theater.
Und wieder kostet es Millionen,
Die sich dann aber wirklich lohnen.
Es steigt ein heißer Luftballon...

Wählers Einsicht
Nach allen Gipfeln
Ist Ruh.
Von solchen Gipfeln
Spürest du keinerlei Rauch:
Das Strohfeuer ist längst schon erloschen,
Neues Stroh wird gedroschen;
Du weißt es auch.
(nach Johann W. von Goethe, Wandrers Nachtlied)

Griechenland: letzter Akt

Die Karawane bleibt heiter
Und zieht zügig weiter
Ins Verderben.
Zahlen müssen die Erben.

Heimat

Ist es das Liedchen, das deine Mutter Dir sang,
Bevor es im Zimmer ganz dunkel wurde?
Das hellblaue Wachstuch auf dem Küchentisch?
Oder ist es die hölzerne Bank,
Wo sich die Alten am Feierabend trafen?
Ist es der Mirabellenbaum im Mai?
Das zarte Glucken der besorgten Drossel?
Ist es vielleicht der knorrige Birnbaum im Herbst,
Der so prächtige Früchte bereithielt?
Was ist deine Heimat?
Das erste Bildchen in der Lesefibel?
Hänsel und Gretel allein im Wald?
Die Schulbank mit seltsamen Wörtern und Kerben,
Die du mit deiner Freundin drücktest?
Die nasskalten Finger im November,
Die spärliche Wärme des Kohleofens im Klassenraum?
Vielleicht die freundliche Frau von nebenan,

Die immer was Süßes für dich hatte?
Was ist deine Heimat?
Das verächtliche Ach! der Mutter,
Wenn die schnarrende Stimme im Volksempfänger
Den Endsieg versprach?
Oder die laute Musik aus dem Takt geratener
Marschierer?
Riechst du noch
Den flüchtigen Benzin im Duft des Jasmin
Von mächtigen Panzern und Jeeps?
Siehst du noch den Schwarzen,
Der lächelnd Unverständliches zu dir sagte?
Und all die Fremden, die immer nur rauchten und kauten?
Was ist deine Heimat?
War es vielleicht der Kuckuck in der Ferne?
Das kraftvolle Rauschen des Baches am Wehr?
Der Sonntagsspaziergang an der Hand der Mutter?
Das ferne Läuten von Sankt Marien?
Die lange Chaussee mit den Apfelbäumen,
Deren Ende offenbar niemand kannte?
Und gehören zur Heimat die Tränen der Mutter,
Die Sehnsucht der klagenden Frauen
Und die ständige Fragen: Wann?
Wann endlich kommt er zurück?
Das ist deine Heimat:

Es sind all die Bilder und Gesichter,
All die Düfte und Gerüche,
Geräusche, Töne, Wörter,
Alle Gedanken und Empfindungen
Aus der Kindheit.
Es sind Erinnerungen und Träume,
Die keiner dir nimmt.
Niemand kann sie dir stehlen.
Heimat ist der Anlegeplatz im heimischen Hafen,
Er ist immer frei.
Außer dir ankert dort niemand.
(angeregt durch das russische Lied „Tschewo natschinajetsa rodina?
- Wie entsteht Heimat?"Text: Matusowskij)

Der Niederrhein

Du nahmst dir Zeit, als du noch jung,
frisch und spontan. Du standst nicht an
nach künstlicher Begradigung.
Ein langer Weg liegt hinter dir
In Raum und Zeit. Erst schmal, nun breit
und still geworden. Eine Zier!

Kommst du zu uns, hast du erfahren
Stürze, Enge, all die Zwänge,

die deine Freunde niemals waren.
Hast deine alte Freiheit wieder,
viel Zeit und Raum und Grenzen kaum.
Du magst ja keine straffen Mieder!

Willst du dem Sommerbett entsteigen?
Komm zu Besuch! Du bist kein Fluch.
Die Landschaft hier ist doch dein eigen.

Wir lieben dich, wir Niederrheiner,
bist unser Gut, gibst Lebensmut.
Ohn' dich hier leben? Das könnt keiner!

Södermanland

Wo der weiche Wind weht über die Weite
Und Wogen immerzu die Felsen wetzen,
Da zeigen sie sich von schönster Seite:
Der See, des Well'n Gefieder netzen,
Die Zeit, wo Tage nicht vergehn
Und Sehnsüchte den Kopf verdrehn,
Das Land, wo groß der Mond und nah die Sterne.
Da sind wir alle gerne.

Mein Dorf

Die Sonne scheint bei uns recht gerne
Und abends grüßen uns die Sterne.
Wenn nachts der Mond das Dorf erhellt,
Dann nur weil es ihm sehr gefällt.
Nichts kann mich hier vertreiben;
Hier will ich immer bleiben.

Mein Dorf ist Münsterland im Kleinen
Mit saft'gen Wiesen, stillen Hainen,
Mit feuchten Auen, grünen Feldern,
Und sanften Hügeln, lichten Wäldern.
Nichts kann mich hier vertreiben;

Sie schlängelt sich von Wehr zu Wehr,
Die Dinkel auf dem Weg zum Meer.
Und in den schilfbewachs'nen Teichen
Haben die Fische Platz zum Laichen.
Nichts kann mich hier vertreiben;
Hier will ich immer bleiben.

Die Burg erzählt von alten Zeiten,
Von Herrenvolk und Dienstbarkeiten.
Die himmelnahen Kirchentürme
Sind Bollwerk gegen starke Stürme.
Nichts kann mich hier vertreiben;
Hier will ich immer bleiben.

Ob auf der harten Kirchenbank
Oder beim Wirt am Bierausschank,
Gemeinsam feiern wir und singen,
Lassen das Leben froh erklingen.
Nichts kann mich hier vertreiben;
Hier will ich immer bleiben.

Ein eignes Haus mit kleinem Garten
Ist alles, was wir hier erwarten.
Dazu nen guten Arbeitsplatz

Und einen immer treuen Schatz.
Nichts kann mich hier vertreiben;
Hier will ich immer bleiben.

Mehr will ich nicht erwerben.
Und, wenn es sein muss, sterben.
Lasst auf dem Grab ein Lämpchen glühn
Und eine weiße Rose blühn.
Dann kann mich nichts vertreiben;
Und ich werd immer bleiben.

Berlin

Wir waren hier, als Er versprach,
Die Mauer werde es nicht geben.
Dann mussten wir es doch erleben,
Dass Er's Versprechen schamlos brach.
Nach dieser ersten großen Wende
Mit hohen Mauern, Stacheldraht
Sah'n viele schon ein böses Ende.
Nicht mal der Kanzler wusste Rat.
Da plötzlich kam die zweite Wende:
Das Tor ging auf, die Mauer brach,
Verschwunden war die deutsche Schmach,
Die Freud' der Menschen nahm kein Ende.

Und dann mit der Jahrtausendwende,
Wir waren wieder in Berlin,
Kam Glanz mit Größe auch dorthin
Und Bauten, Bauten ohne Ende.

Und heut, nach 25 Jahren
Sind Jubilierer hergefahren:
Nicht einer, der nicht so empfände:
Berlin ist Wende ohne Ende!

Das Karussell
Im Sportbad von Bad B.
Ganz ohne Dach und Schatten dreht
Sich für eine Stunde der Bestand
Von grauen Köpfen, alle aus dem Land,
Das lang gezögert, nun aber untergeht.
Die meisten sind unbegleitet gekommen,
Sie haben alle Wehmut in den Mienen.
Auch ein Siebzigjähriger schwimmt mit ihnen.
Ne blonde Schönheit hat ihn eingenommen.

So manchen Platzhirsch treibt es ins Gewässer,
Das Kampfgeweih trägt er schon lang nicht mehr,
Doch fühlt er sich beim Jagen einfach besser.

Selbst ins schaumige Whirlpool-Gebubel
Ist einer von ihnen keck geschwommen.
Wie wohl er sich fühlt im nassen Trubel!
Ne blonde Schönheit hat ihn eingenommen.

Im Kreise schwimmen prustende Gesichter.
Bekannte stehn im Wasser redend still.
Andre erfreun die farbenfrohen Lichter;
Im Becken macht ein jeder, was er will.
Ne blonde Schönheit hat ihn eingenommen.
Und wer nicht steht, dreht wieder alte Kreise
Oder genießt die warmen Wassergüsse
Auf wundem Rücken, oder andre Weise,
Erlebt lächelnd sie wie Jugendküsse.
Dann geht des Schwimmers Blick ganz still und leise
Auf eine lange, traumverklärte Reise,
Wie wenn er Versäumtes nachholen müsse.
(nach Rainer Maria Rilke, Das Karussell)

Alte unter sich
Nun bist auch du auf meiner Altersstufe!
Rechtzeitig noch, bevor auf unsrer Erde
Ich, so Gott will, schon achtzig werde.
Lieber Freund, zu deinem Feste

Weiterhin das Allerbeste!
Wir sehn dich heut mit 70 Jahren
Gesund, zufrieden und erfahren.
Dich hier so glücklich zu erleben
Lässt uns ein frohes Glas erheben:
Du schaffst vor Ort und in der Ferne
Und immer gratis, immer gerne!
Auch im Theater sieht man dich:
Dort bist du gern. Du bildest dich.
Doch kleidest du dich wie ein Pfau!
Suchst du etwa ne junge Frau?
Viel besser wär's, wenn sie dich miede.
Ich kenn bereits das End vom Liede:
Auch wenn sie wär das größte As,
Sie hätt dabei den größeren Spaß!
Ich rate dir, habe den Mut,
Nur das zu tun, was **dir** guttut!
Frauen sind in uns'rem Alter
Nur ihres eignen Glückes Walter.
Drum denk bei allem, was du tust,
Daran, dass du auch ruhst.

Gesundheit!
Ballade vom großen Zeh

Der große Zeh am linken Fuß
Schickte mir einen bösen Gruß:
Was ich mit ihm machte,
Ob ich ihn gar verachte,
Weil er so weit vom Herzen?
Er habe große Schmerzen!

Was meint er, dachte ich und sah,
Dass er recht schlimm entzündet da,
Wo ich den Nagel kappte,
Weil der dort überschwappte.
Rot sah er aus, der große Zeh,
Mir tat er nur ein wenig weh.
Dass ich ihn fand nicht wichtig
Fand er also nicht richtig.
Ja, ich macht' mir keine Sorgen,
Dachte vielmehr bereits an morgen.

Doch in der Nacht ließ er mich wissen,
Ihn drücke selbst das leichte Kissen.
Ich konnte es nicht glauben,
Ließ mir den Schlaf nicht rauben
Von einem so fern Verwandten,

Den die meisten nicht mal kannten.
Ich gönnte ihm nen flücht'gen Blick:
Er war geschwollen, ja, und dick.
Mit weichem Socken ihn verwöhnen?
Umsonst! Er ließ sich nicht versöhnen.
Auch ich blieb stur:
Was will der nur?
Ich zwing ihn in den Schuh,
So hat er seine Ruh!
Allein, wegen der geringen Leere
Kommt er dem Nachbarn in die Quere
Und prompt beginnt auch der zu schmerzen.
Das Ganze ist nicht mehr zum Scherzen.

Der Ehefrau bleibt nichts verborgen,
Macht sich bereits echte Sorgen:
„Nun spiel mal nicht den großen Helden!
Du musst dich gleich beim Hausarzt melden,
Sonst wirst du Schlimmeres erleben."
Noch wollte ich mich nicht ergeben:
„Ich wart bis nach dem Wochenende."
Ich glaubte fest an eine Wende.

Am Montag war's um mich geschehn;
Ich musste zum Herrn Doktor gehn.

Ganz in Zivil und ohne Würde
War der Hausarzt keine Hürde.
Ich zeigte ihm den wunden Zeh.
Er drückte ihn: „Tut das so weh?"
Obwohl noch weit entfernt vom Weinen,
Konnt' ich die Frage nicht verneinen.
Er macht vom heißen Zeh ein Bild,
Was ich für übertrieben hielt,
Dann meinte er: „Sie haben Glück;
Die Rötung geht alsbald zurück."
Verschrieb ne Salbe und Tabletten.
Damit könnt' ich die Zehe retten.
Erst in ein paar Tagen
Könne er mehr sagen.

So kam der Zeh vom linken Fuß
Ganz ungewollt in den Genuss,
Gepflegt, ja fast geehrt zu werden,
Als wäre er ein Star auf Erden.
Bald kannten alle meinen Zeh,
Und fragten: „Tut er denn noch weh?"

Ich schluckte Antibiotika,
Verzichtete auf Erotika
Und ging zur Nachbehandlung.

Ergebnis: keinerlei Verwandlung!
Bazillen getötet,
Aber noch gerötet.
Es enthüllt der Schonverband
Einen Zeh ganz wie bekannt.
Dreimal dieselbe Prozedur:
Der Zeh bleibt sich selbst treu, und stur!
Die Sache nimmt nen neuen Lauf:
Der Doktor gibt ganz einfach auf.
Weder hätt er den weißen Kittel
Noch die notwendigen Eingriffsmittel.

Der Zeh bestimmt vollends mein Leben:
Ich muss mich zum Chirurg begeben.
Im OP schaue ich leicht skeptisch
Auf alles, was bereits aseptisch.
Mit Hilfe einer kräft'gen Dosis
Kommt es zur Lokalnarcosis.
Den Zeh betracht' ich ohne Stolz
Wie ein fremdes Stückchen Holz.
Der Chef schneidet mit ruhiger Hand
Drei Streifen Fleisch vom linken Rand.
Vielleicht soll ich's nicht erwähnen:
Mein Zeh weint viele rote Tränen!
Ich selbst spür keine Schmerzen.

Ich dank dem Arzt von Herzen.
Das ändert sich nach Stunden;
Den Schock hat er überwunden
Mein Zeh. Wie herzlos!
Bin doch nicht schmerzlos!

Bin ganz der Zehe Untertan.
Ich stoße nirgendwo mehr an.
Der Zeh liegt hoch,
Ich liege flach.
Ich lebe noch,
Ich denke nach:
Dass mir mein Zeh so nah gekommen
Macht mich ganz stutzig, bin beklommen.
Humpelnd geh ich im Krankenhaus
Wie ein Bekannter ein und aus.
Mein Zeh wird stets für gut befunden
Und regelmäßig neu verbunden.
Der Zeh jedoch vom linken Fuß
Schickt unbeirrt den alten Gruß:
Es sei nicht zum Scherzen;
Er hätt' dieselben Schmerzen.
Sie kämen von links oben
Sie hätt'n sich nie verschoben.
Ich leit' die Botschaft weiter,

Der Arzt aber bleibt heiter:
„Ihr Zeh hat's gerne trocken.
Laufen Sie ohne Socken!
Wir sehn uns in drei Tagen."
Ich muss mich weiter plagen.

Was ist falsch? dacht ich, was richtig?
Der Zeh, so klar! der ist jetzt wichtig.
Mein Zeh hat völlig recht:
Noch immer geht's ihm schlecht.
Nach falscher Diagnose
Ist hoffnungslos die Chose.
Gesalbt, geschnitten und verbunden
Wird mein Zeh gequält und geschunden.
Ich geh zum nächsten Termin
Ganz einfach nicht mehr hin!

Weiß die Podologin Rat?
Und ob! Sie schreitet rasch zur Tat:
„Der Schmerz kommt aus der Ecke?
Ich schneid zu diesem Zwecke
Den Nagelrest heraus."
Der Schmerz ist aus!

Warum ich dieses so erzählt?

Weil nichts im Körper auserwählt:
Für unser Wohl und Wehe
Zählt auch die große Zehe.

(Natürlich könnt' man sich auch fragen:
Kann unser Gesundheitswesen
Auf diese Weise je genesen?
Was würden Sie als Leser sagen?)

Der Kuckuck

Von weit ist er hierher geflogen.
Nie hat er ein eig'nes Haus bezogen.
Nachbarn hat er keine.

Sein Ei legt er ins fremde Nest.
Überlässt anderen den Rest.
Arbeit macht er sich keine.

Kaum dass er aus dem Ei geschlupft,
Er andre aus dem Neste lupft.
Geschwister hat er keine.

Was immer er bekommen,

Er hat sich's frech genommen.
Freunde hat er keine.
Ein Kuckuck bleibt alleine.

Alter Mann beim Angeln

An Lethes Ufer

Sitze ich, die Angel in der Hand.

Im Wasser spiegelt sich

Ein ödes Land.

Glückseligkeit

Pflegt man es zu loben

Jetzt nur ein Spiegelbild,

Wo unten oben.

Wenn ich mich recht erinnern kann,

Hab ich dort mal gesessen.

Falls ja, mit wem? Und wann?

Das habe ich vergessen.

(Übersetzung aus dem Schwedischen: "Gammal man fiskar" von
Lennart Helsing)

Die „Anmerkungen" der Kanzlerin sind überwiegend frei erfunden, aber immer aus Anlass allgemein zugänglicher Nachrichten nachempfunden. Was die Kanzlerin wirklich denkt oder im kleinen Kreise sagt oder gesagt hat, bleibt dem Normalbürger bis auf Weiteres verborgen. Die im Buch „verdichteten" Äußerungen sind der Versuch, sich auf ihre Politik einen Reim zu machen. Die chronologische Anordnung ist realitätsnäher als eine thematische Zusammenfassung: Wiederholungen und Widersprüche kommen so erst zur Geltung.